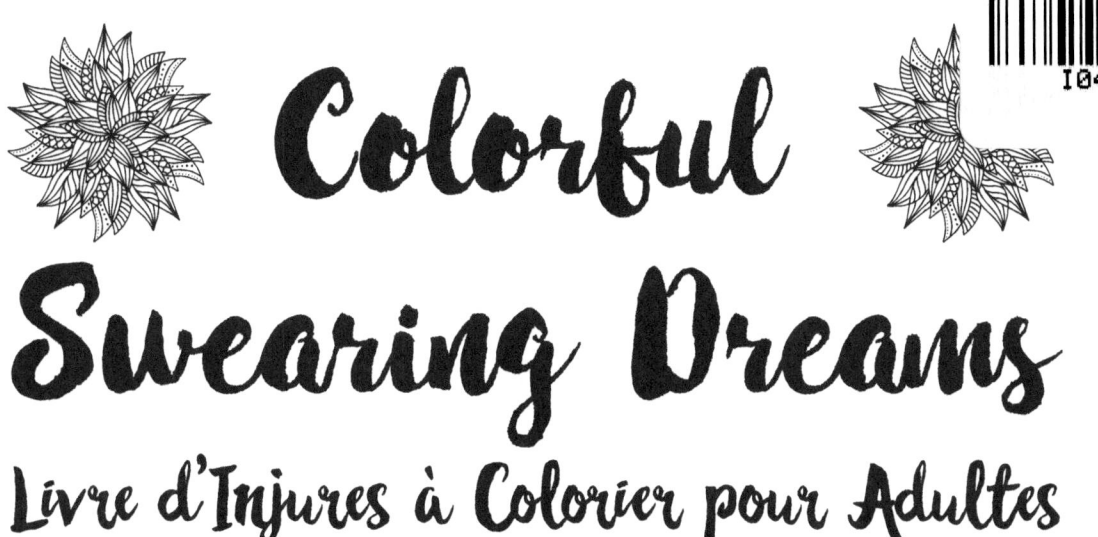

Colorful Swearing Dreams
Livre d'Injures à Colorier pour Adultes

UN NIVEAU DE STRESS ÉLEVÉ?
VOUS ÊTES D'UNE HUMEUR EXPLOSIVE?
ENVIE DE JURER COMME PAS POSSIBLE?
CE LIVRE DE COLORIAGE VA VOUS DÉSTRESSER!

Plusieurs études révèlent que colorier des mandalas, des motifs géometriques & d'autres formes aident à réduire le stress et l'anxiété chez l'adulte.

Ce livre de coloriage, rempli de gros mots, d'insultes et d'injures, vous aidera à atteindre un état de relaxation en vous concentrant sur ce que vous êtes en train de faire et en bloquant toutes autres distractions, comme les réseaux sociaux, par exemple.
Ces designs vous feront rigoler et vous permettront d'expulser toutes pensées négatives.

Ce livre contient 20 pages de magnifiques designs détaillés constitués de mandalas et d'autres formes et des gros mots hilarants que nous pensons parfois tout bas sans osez les dire tout haut!
Chaque page est imprimée uniquement sur le recto afin que les crayons, stylos ou feutres ne transpercent pas les pages pour une meilleure expérience de coloriage.

ALLEZ À VOS COLORIAGE DÉSTRESSANTS!

Tout Droits Réservés. Colorful Swearing Dreams

Aucune partie de livre ne peut être reproduite, reformatée, faire l'objet d'une refonte ou être transmise sous quelque forme que ce soit, par tout moyen, électronique ou mécanique, y compris la photocopie, l'enregistrement ou au moyen de tout système de stockage et d'extraction d'informations, sans le consentement préa lable écrit de l'auteur.

Page de Test de Coloriage

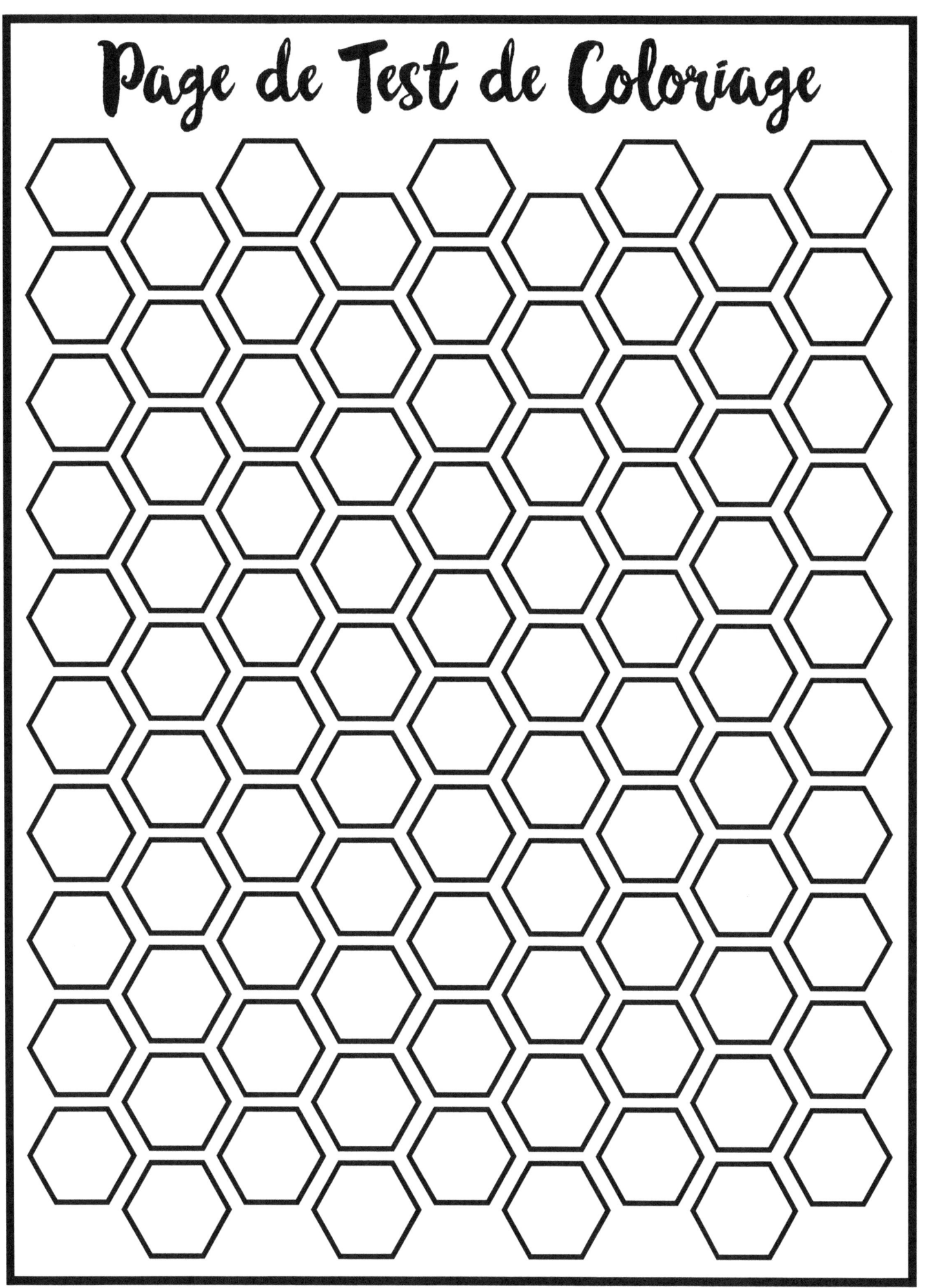

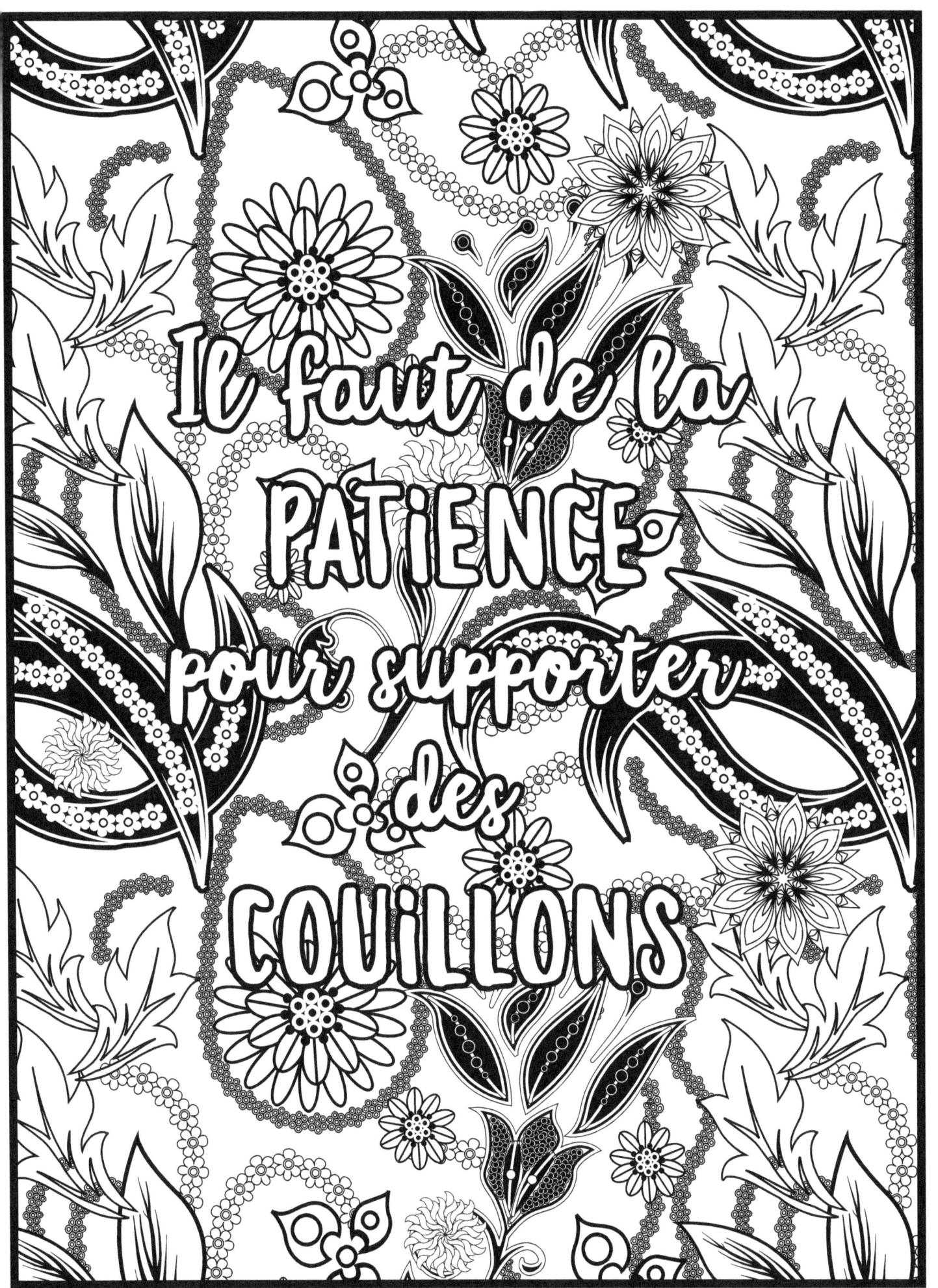

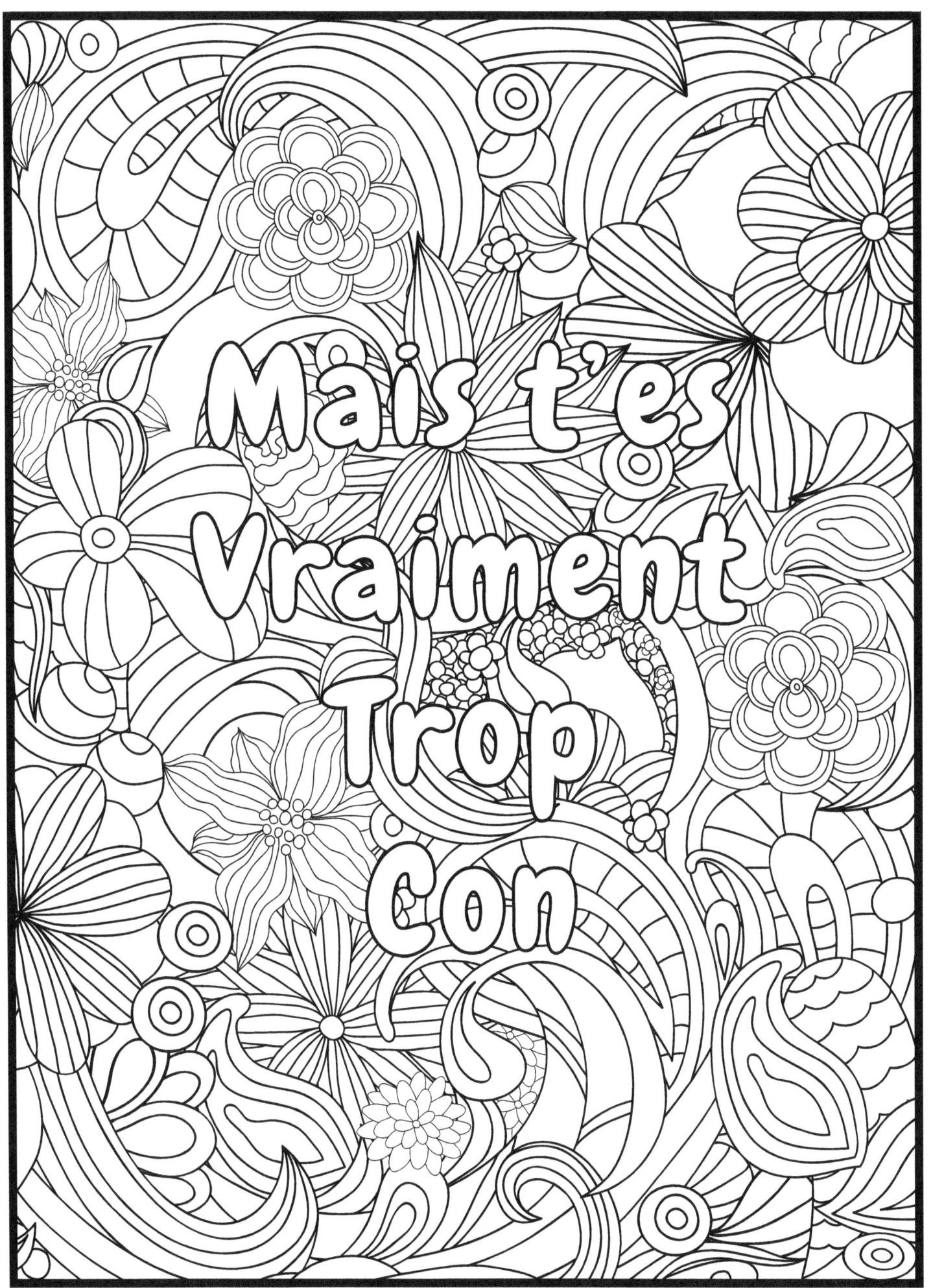

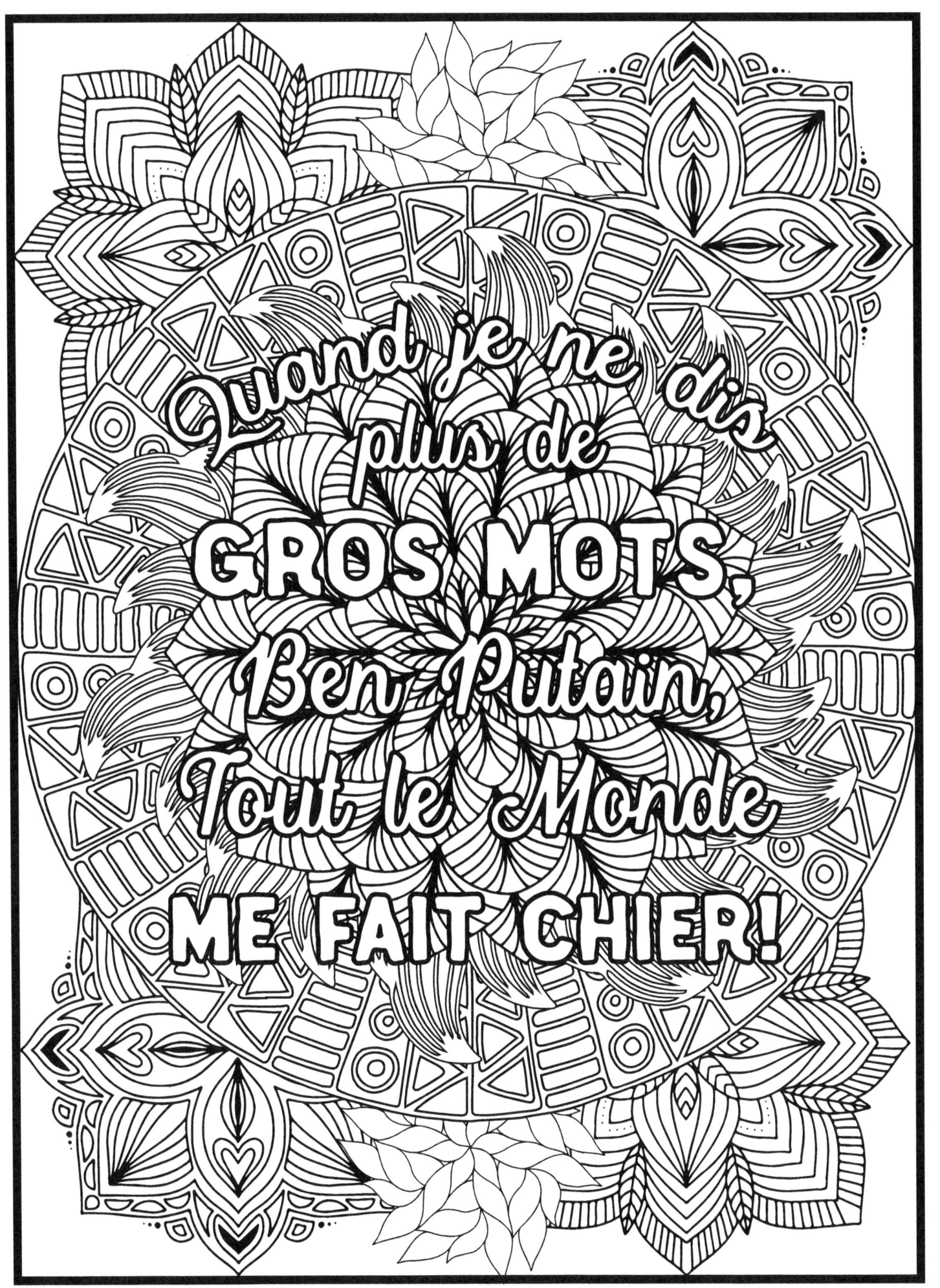

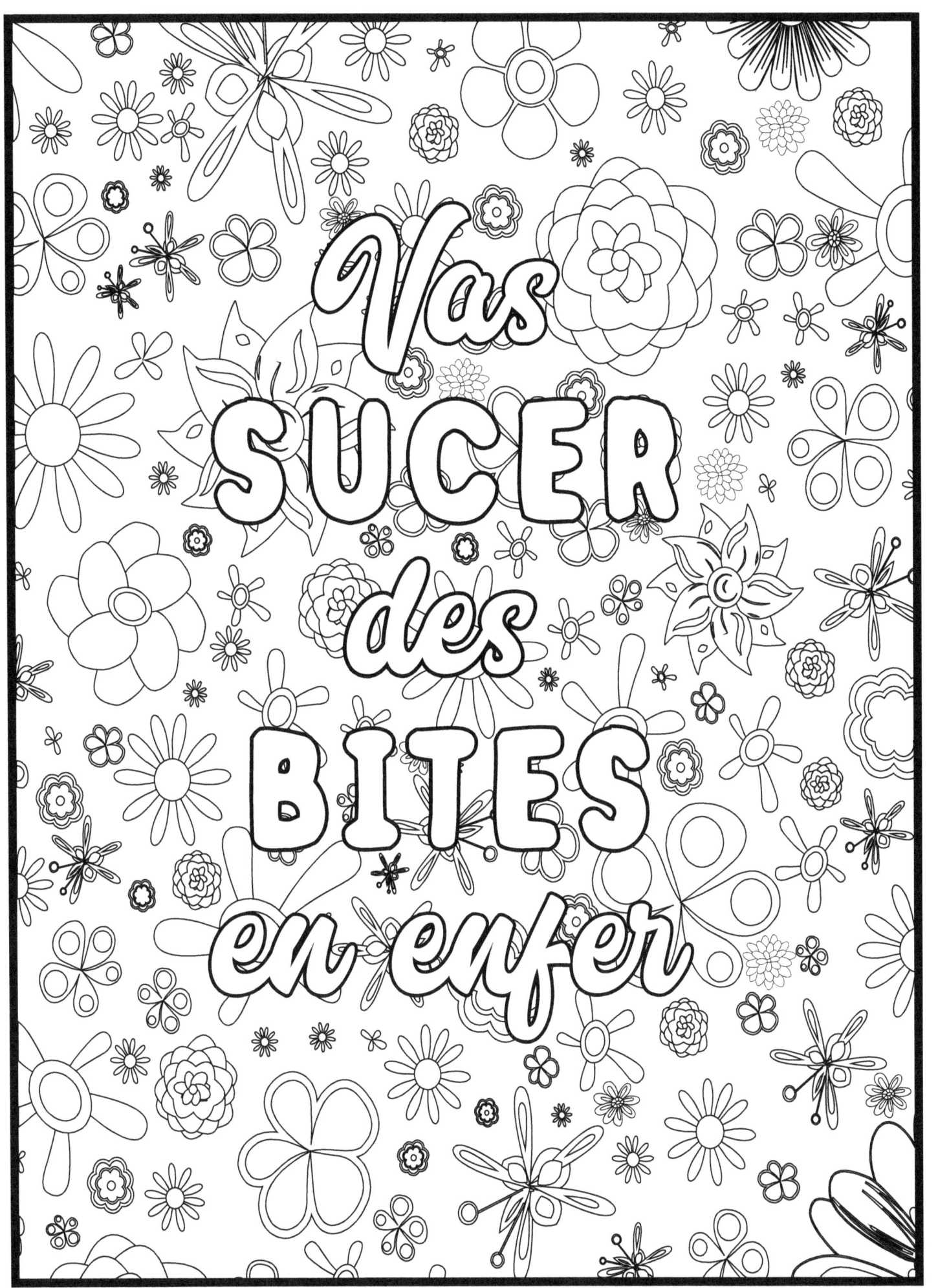

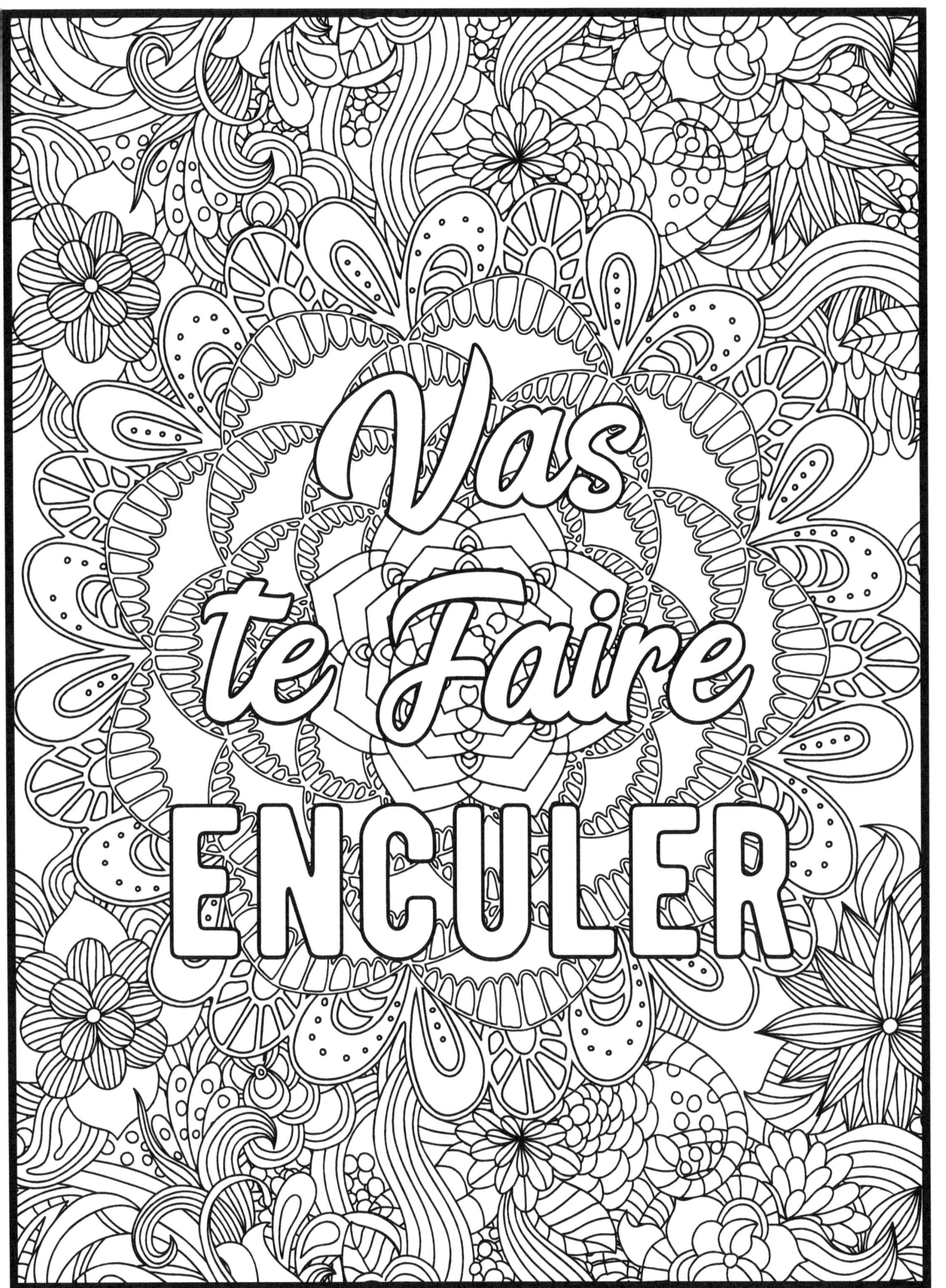

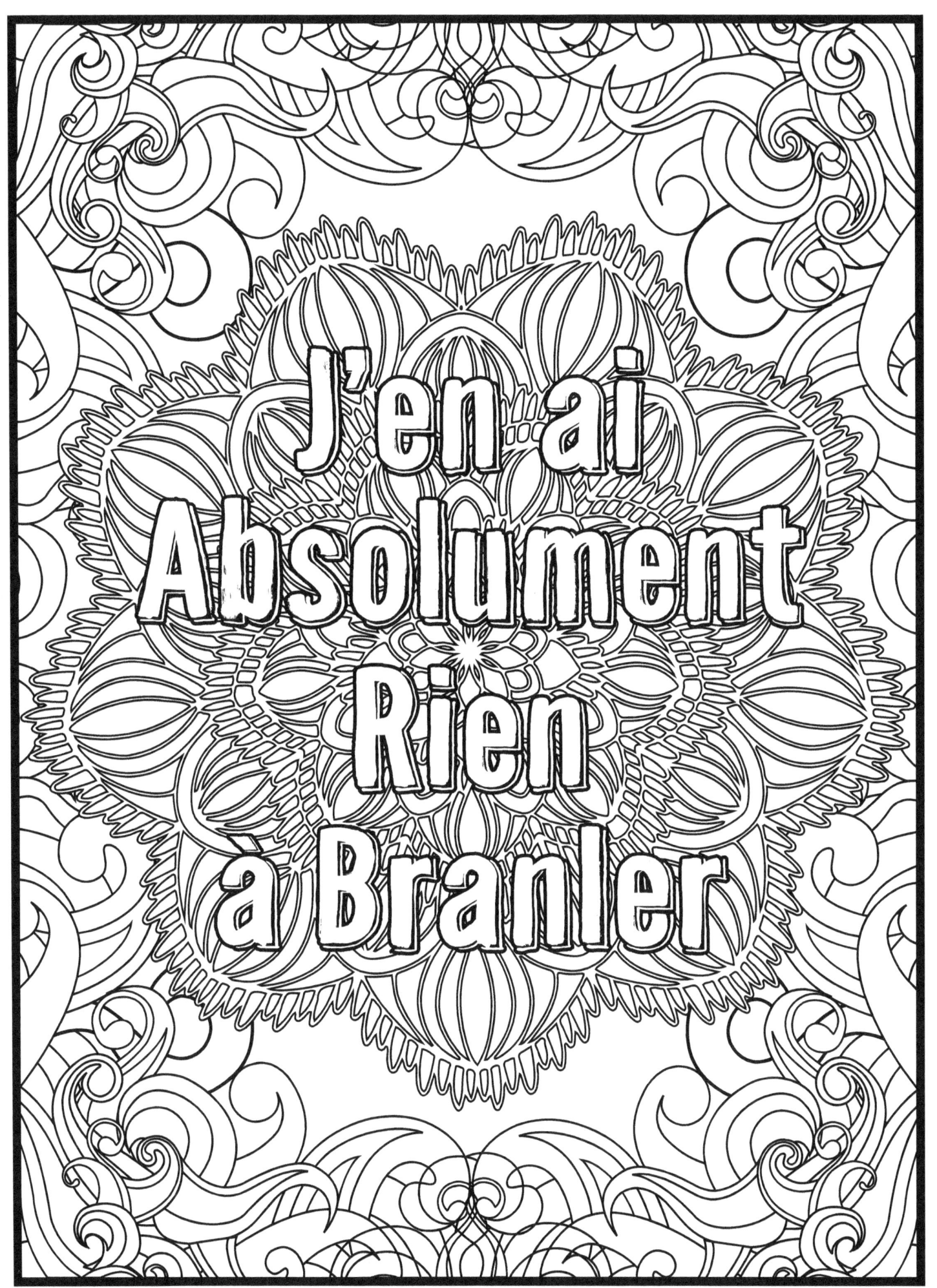

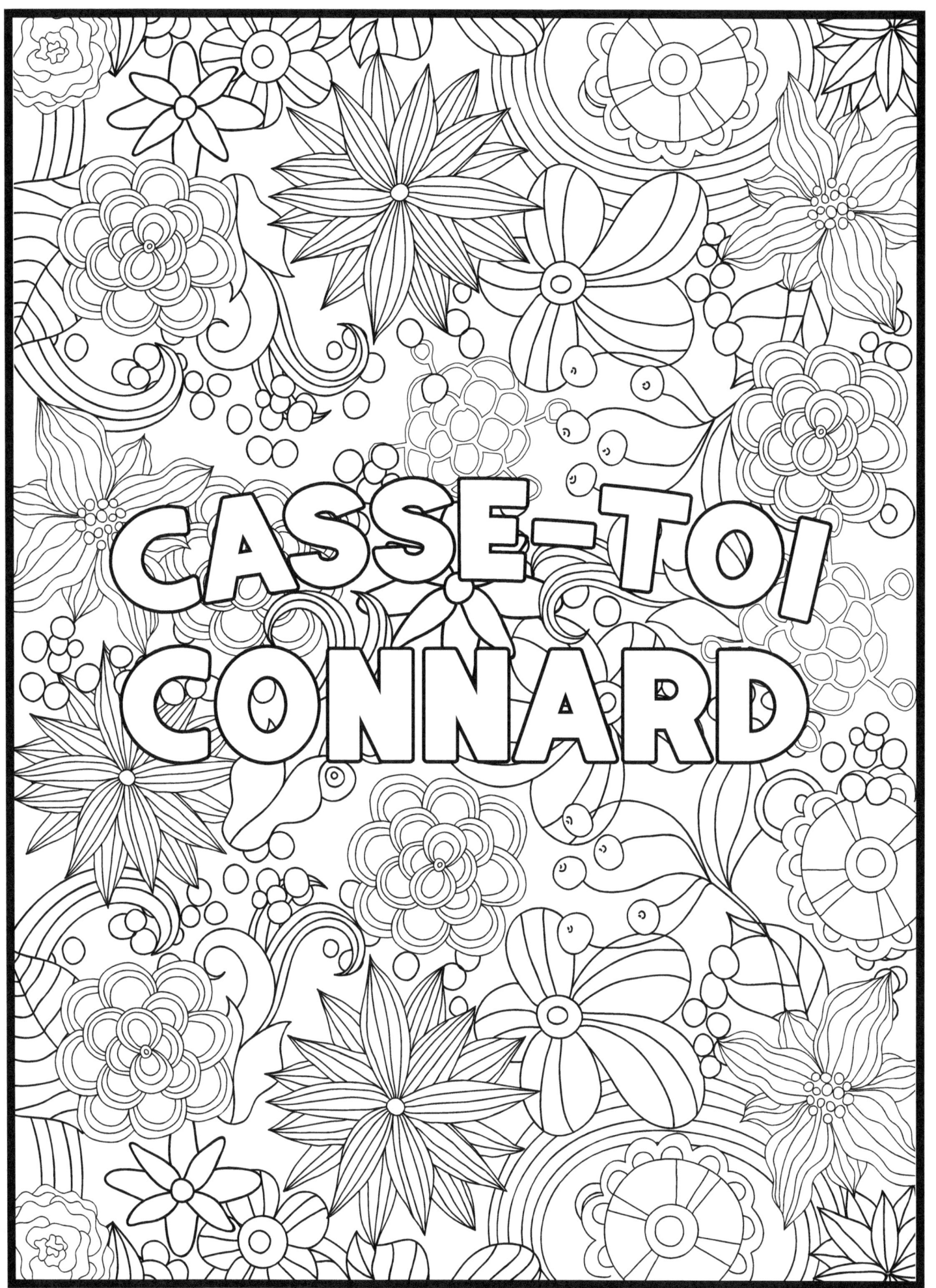

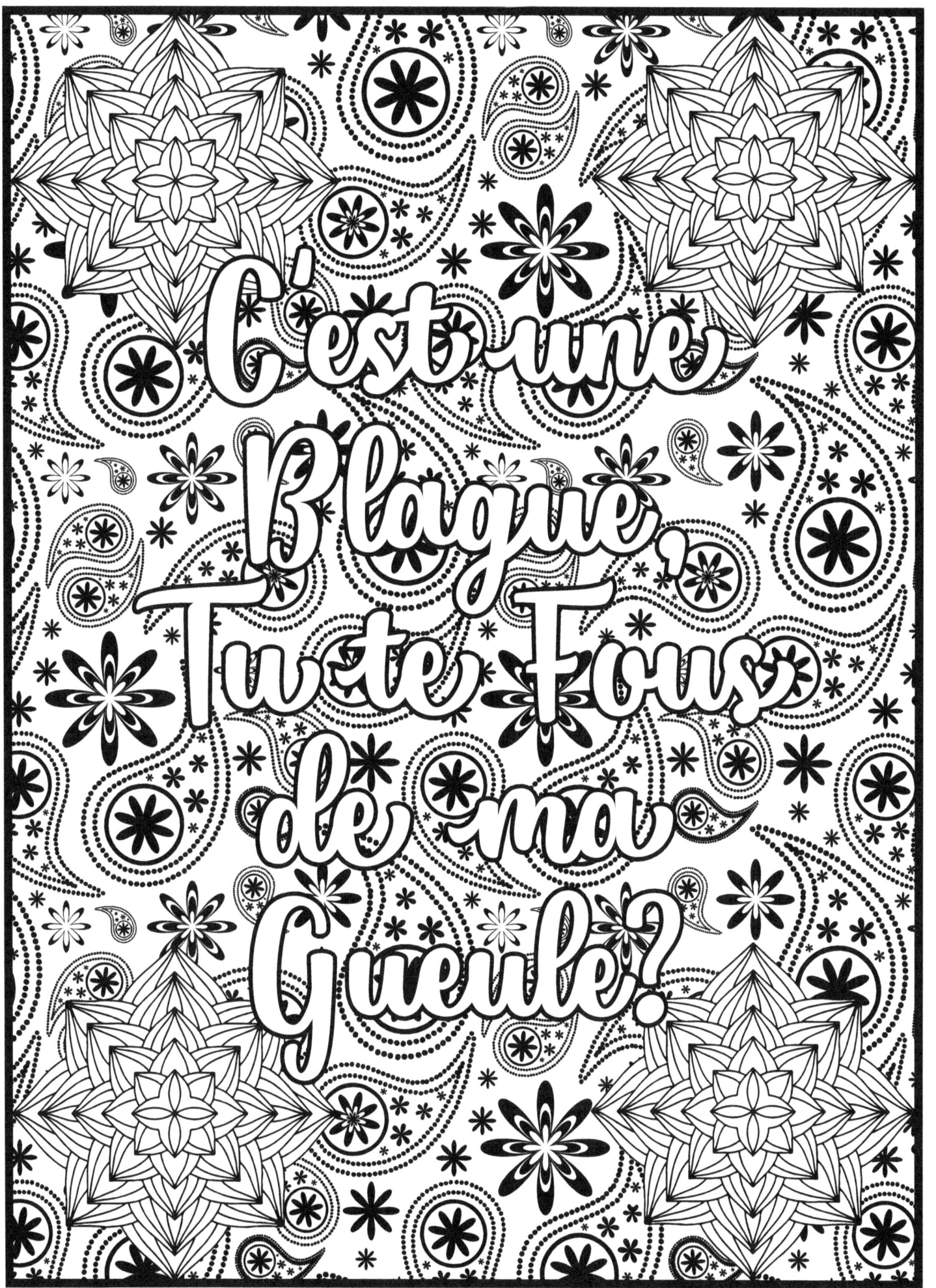

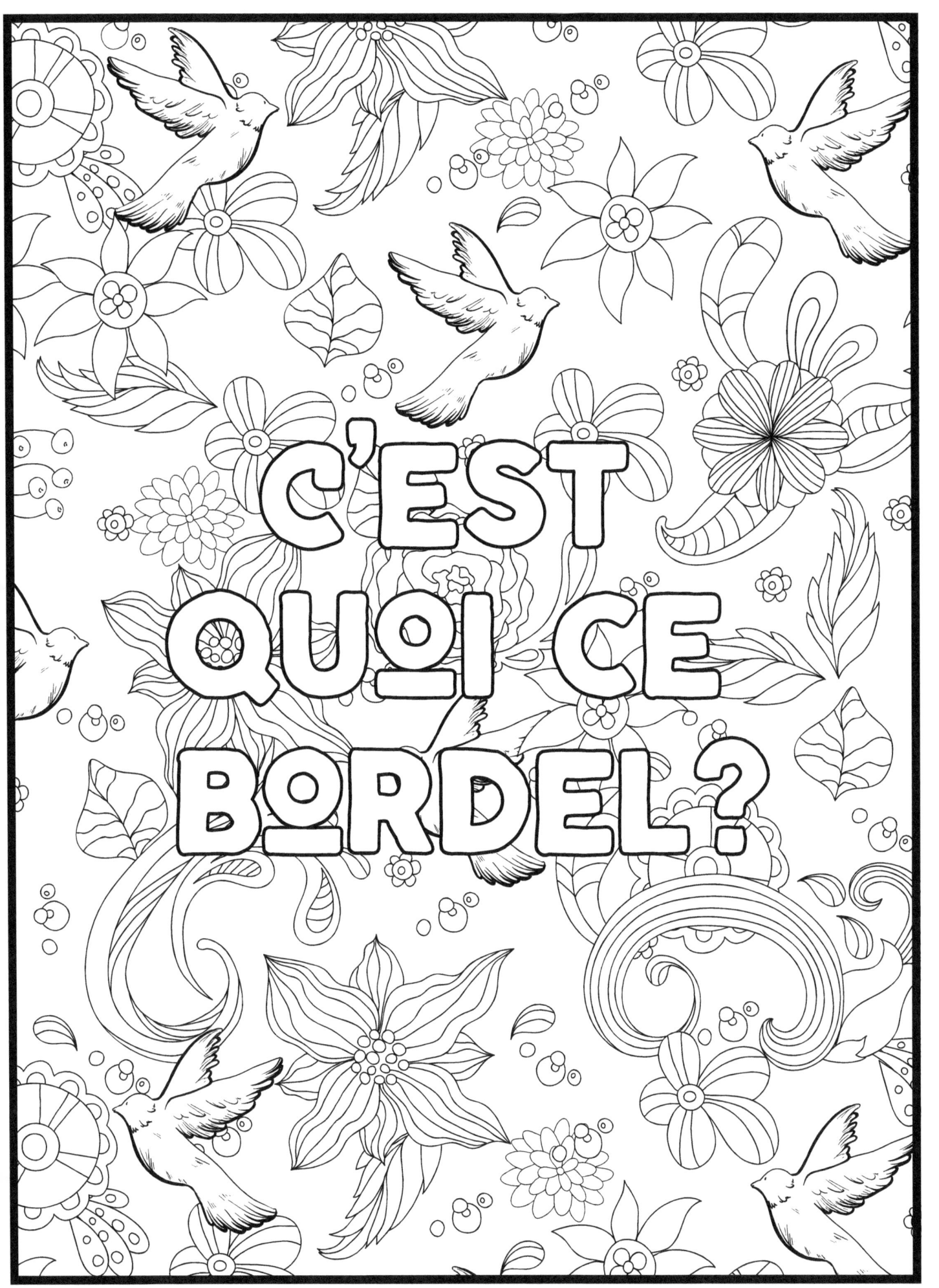

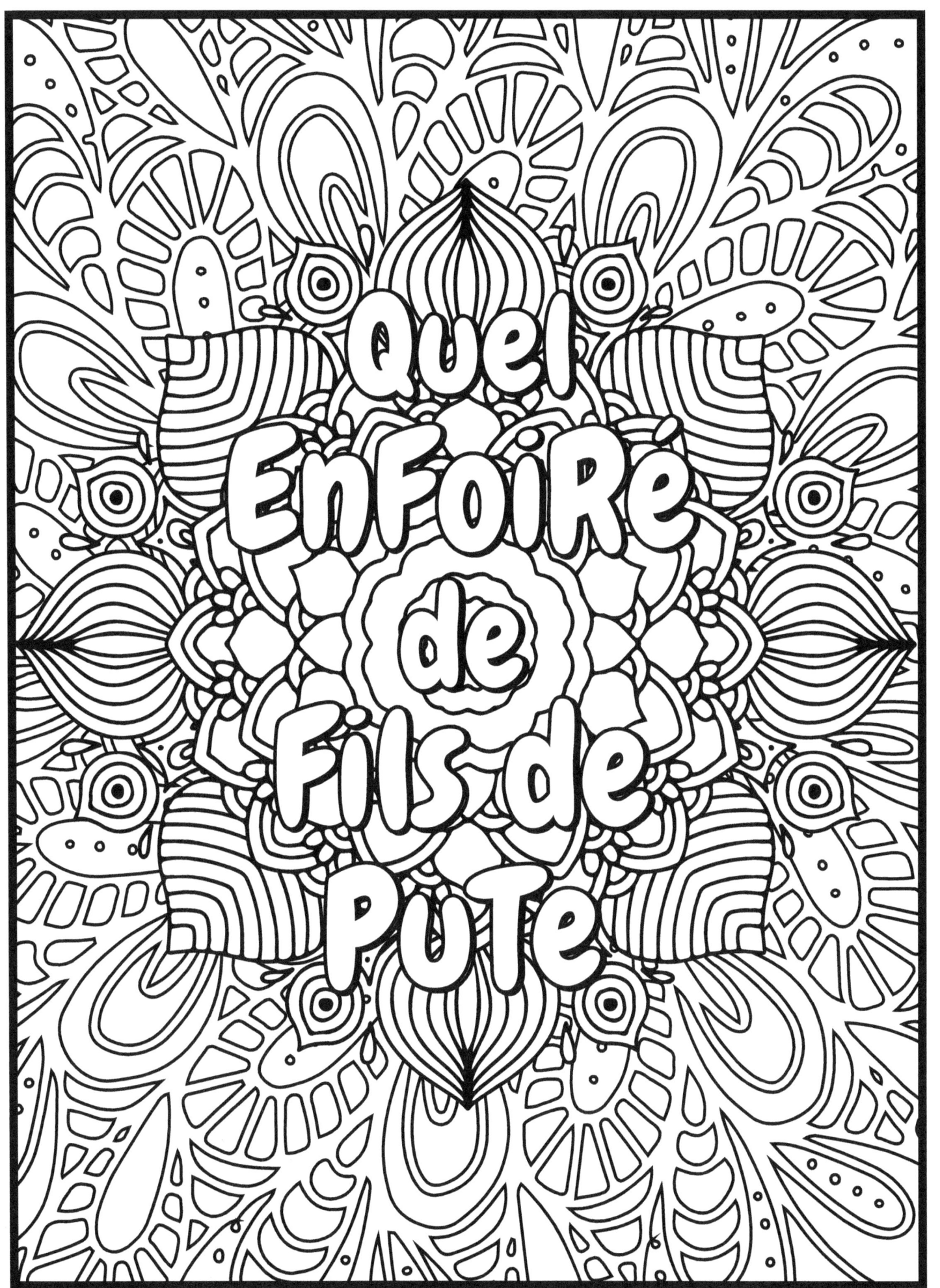

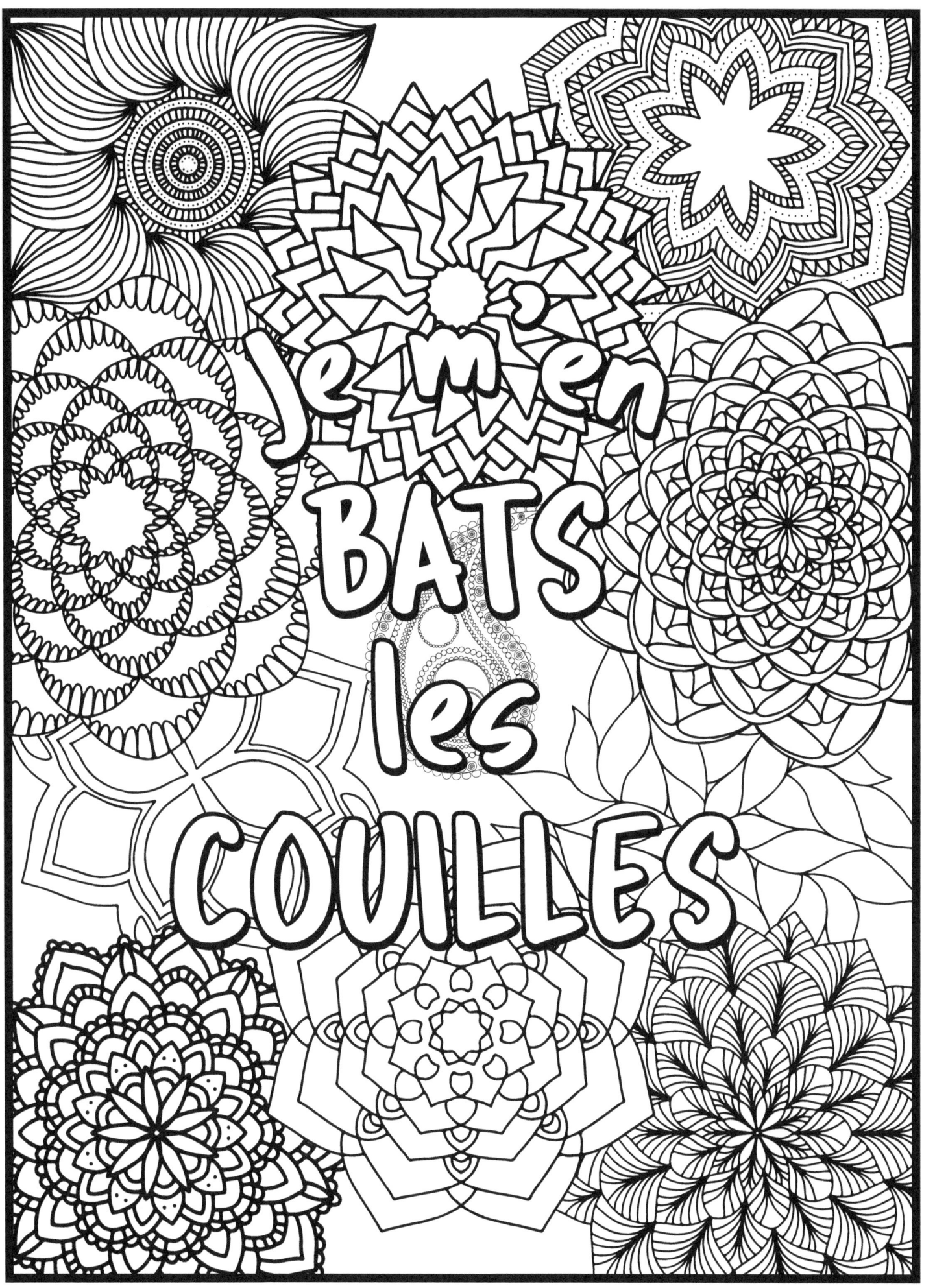

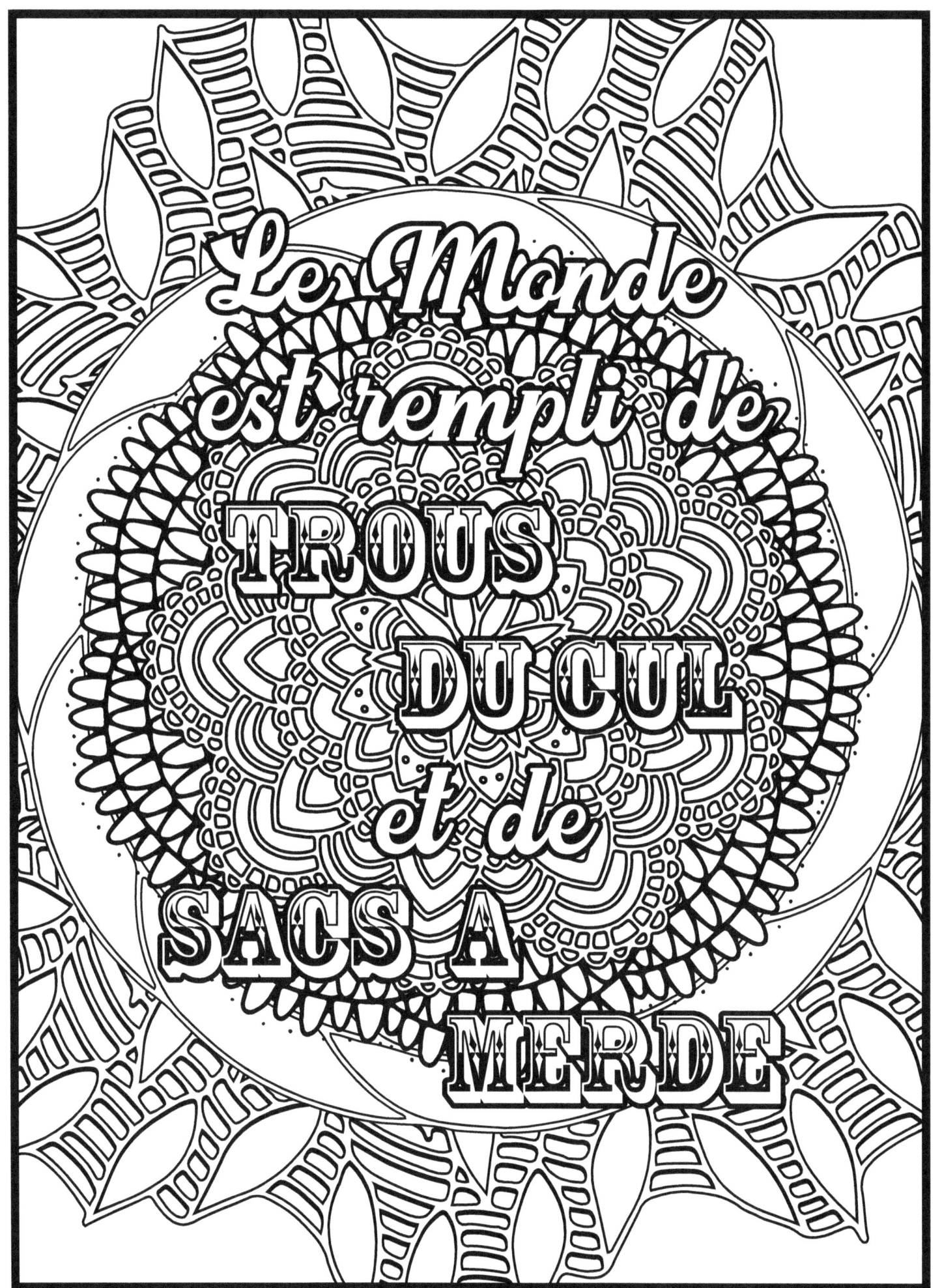

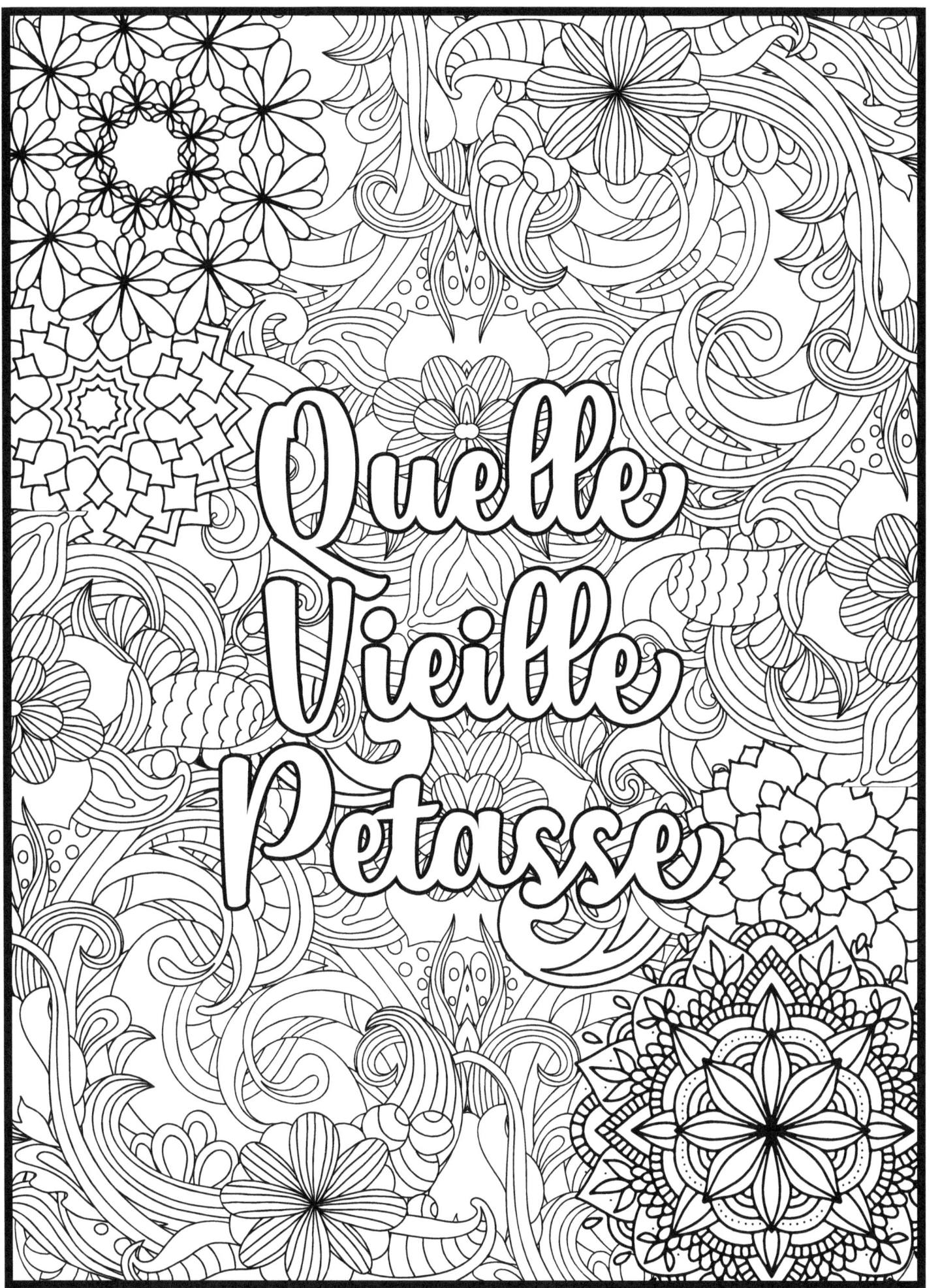

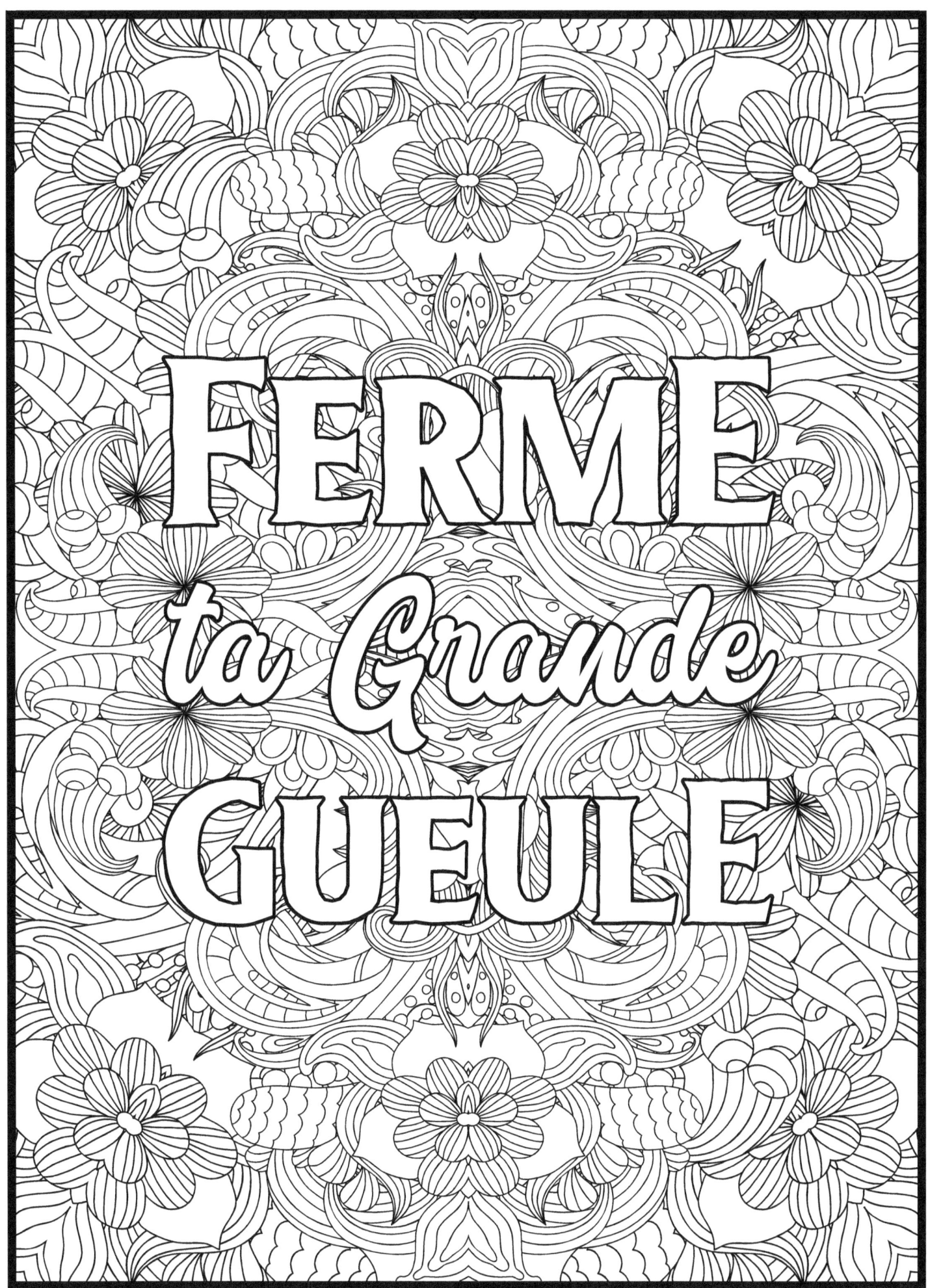

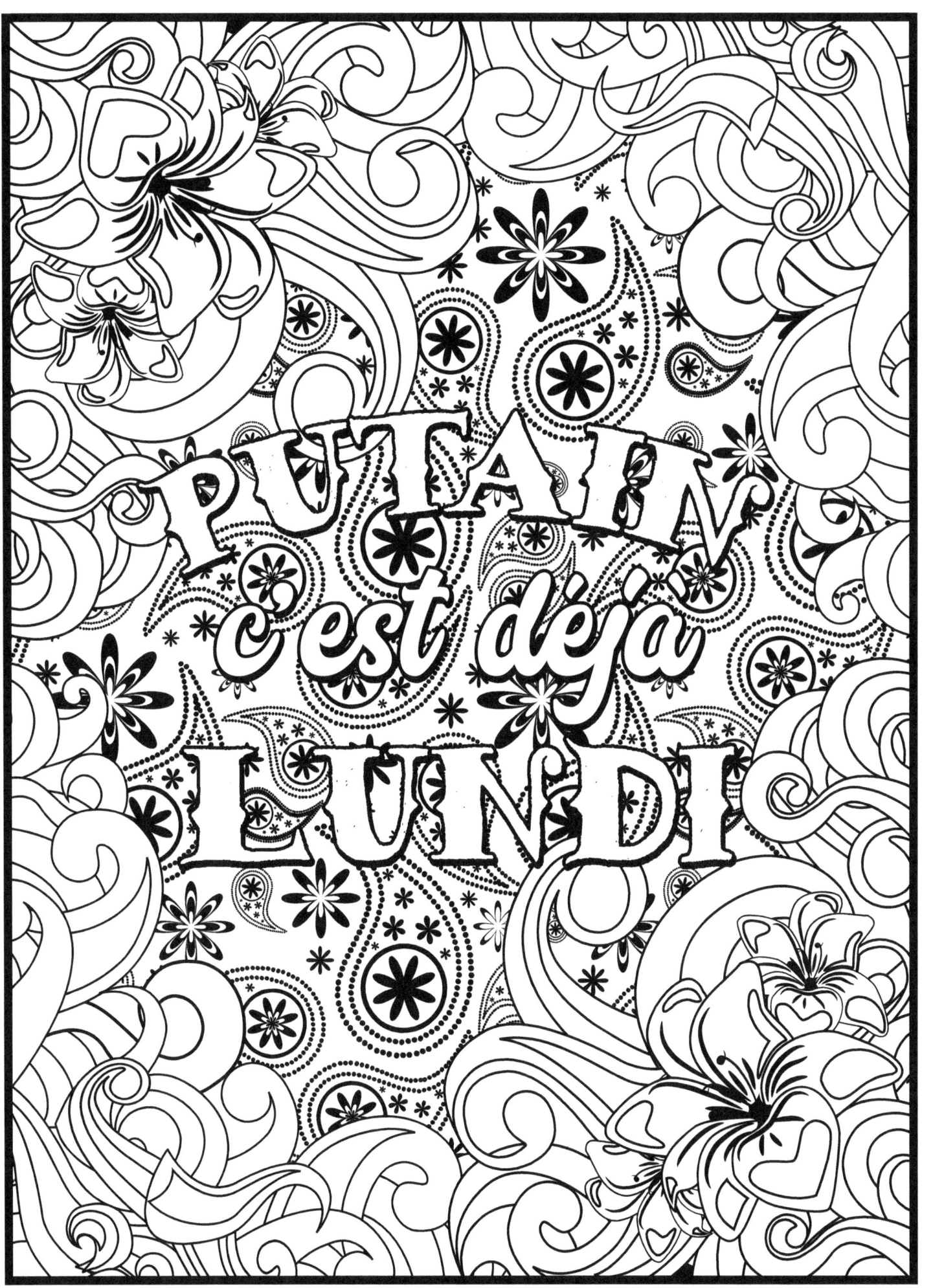

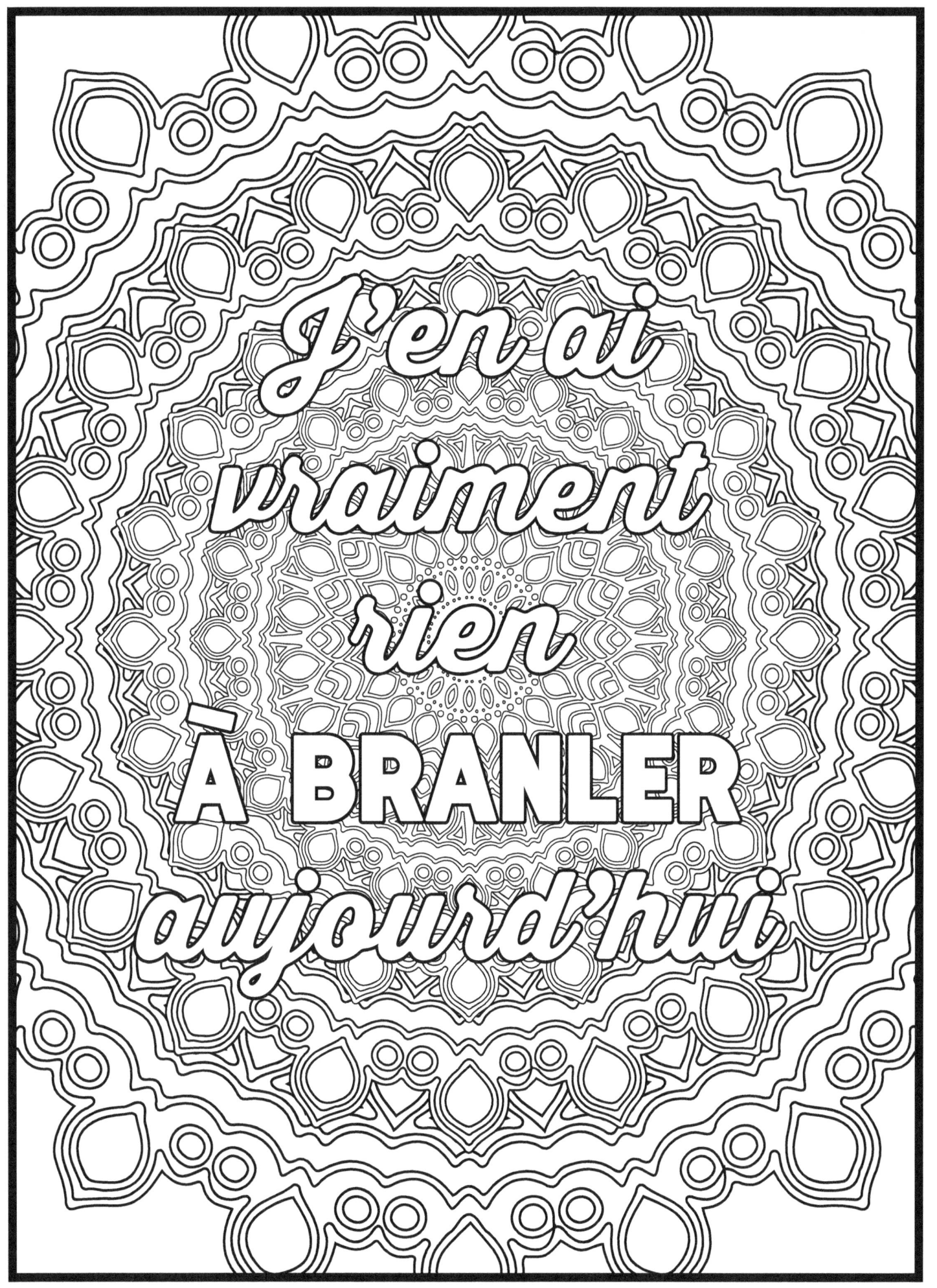

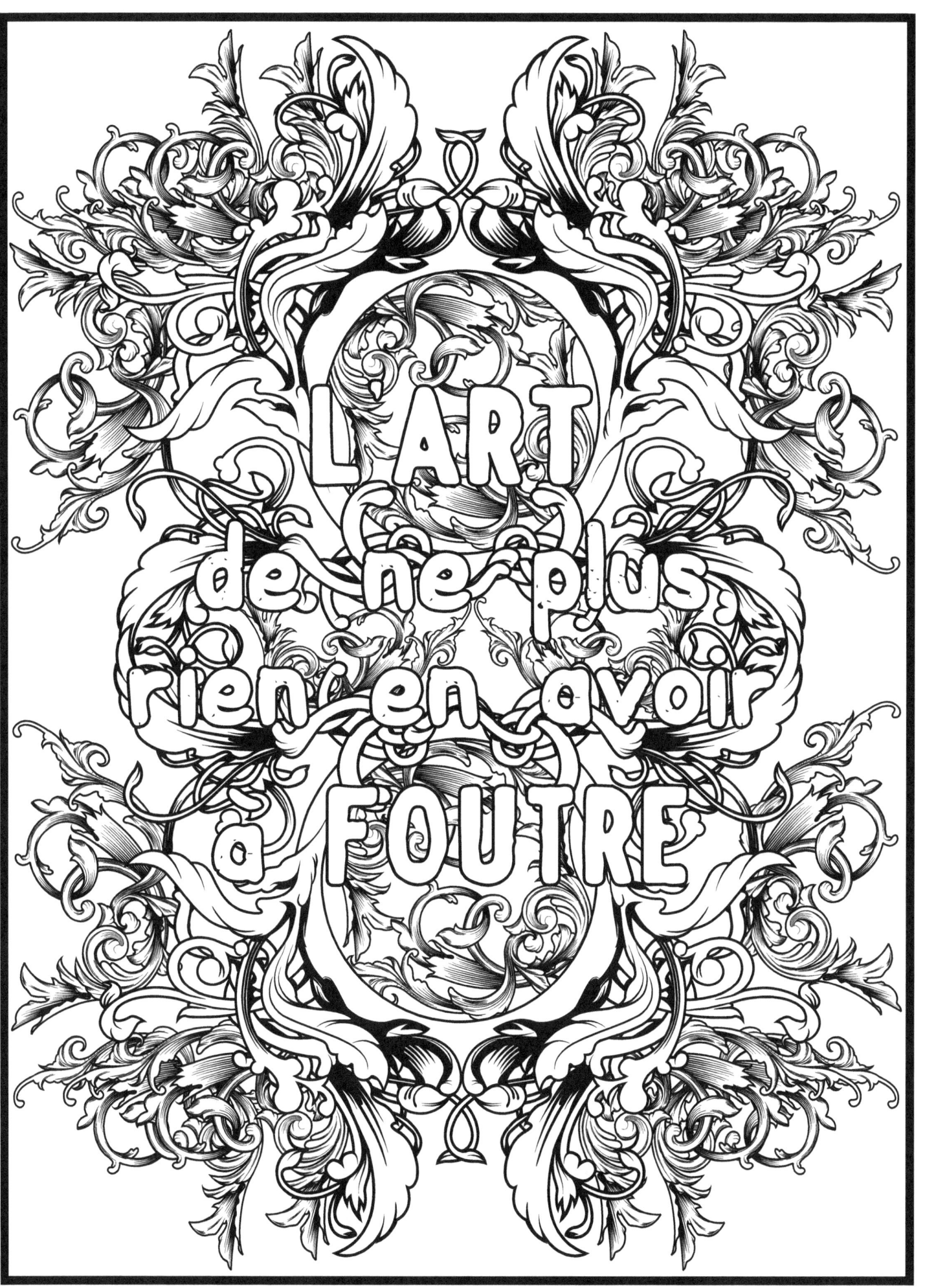

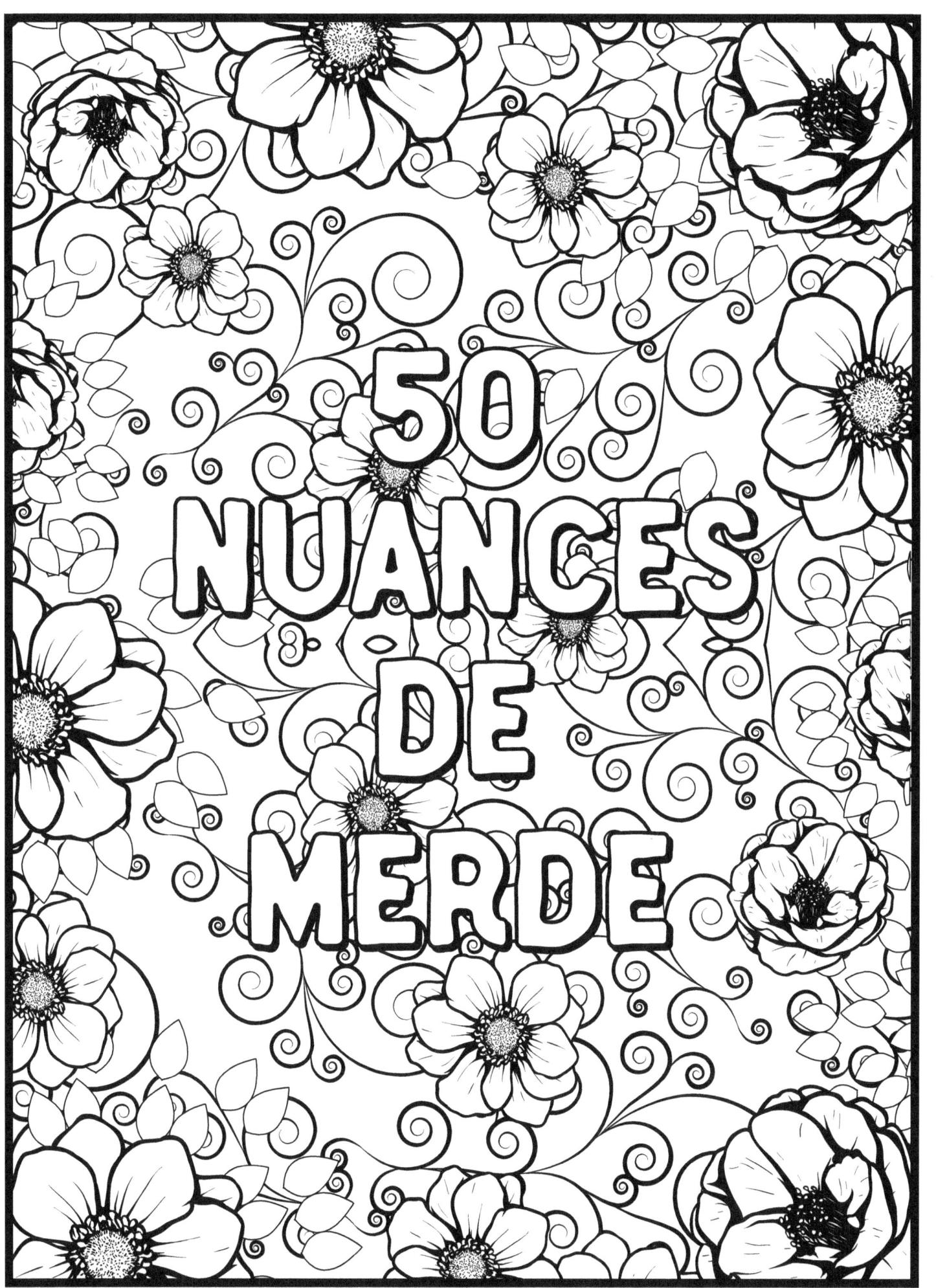

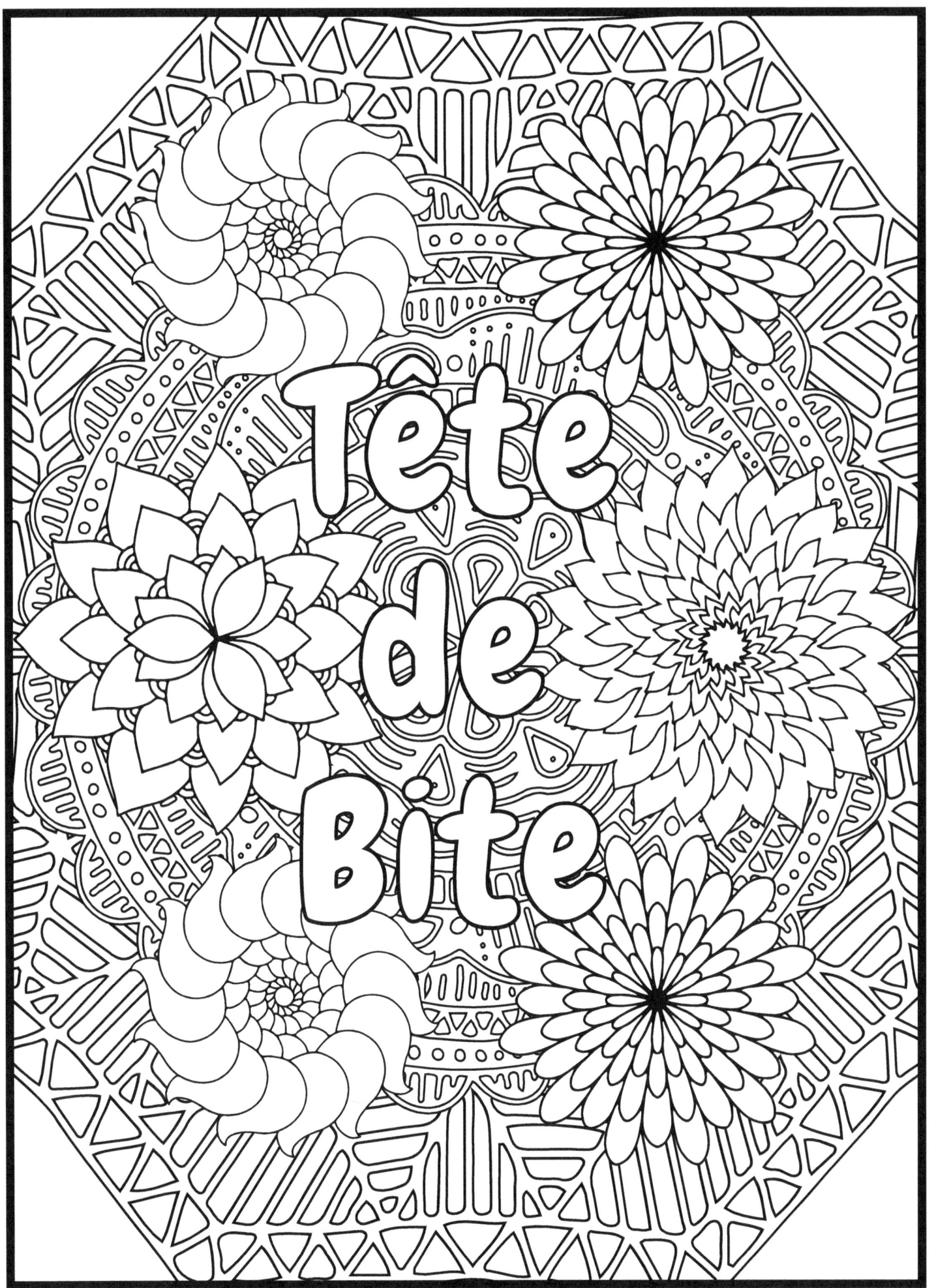

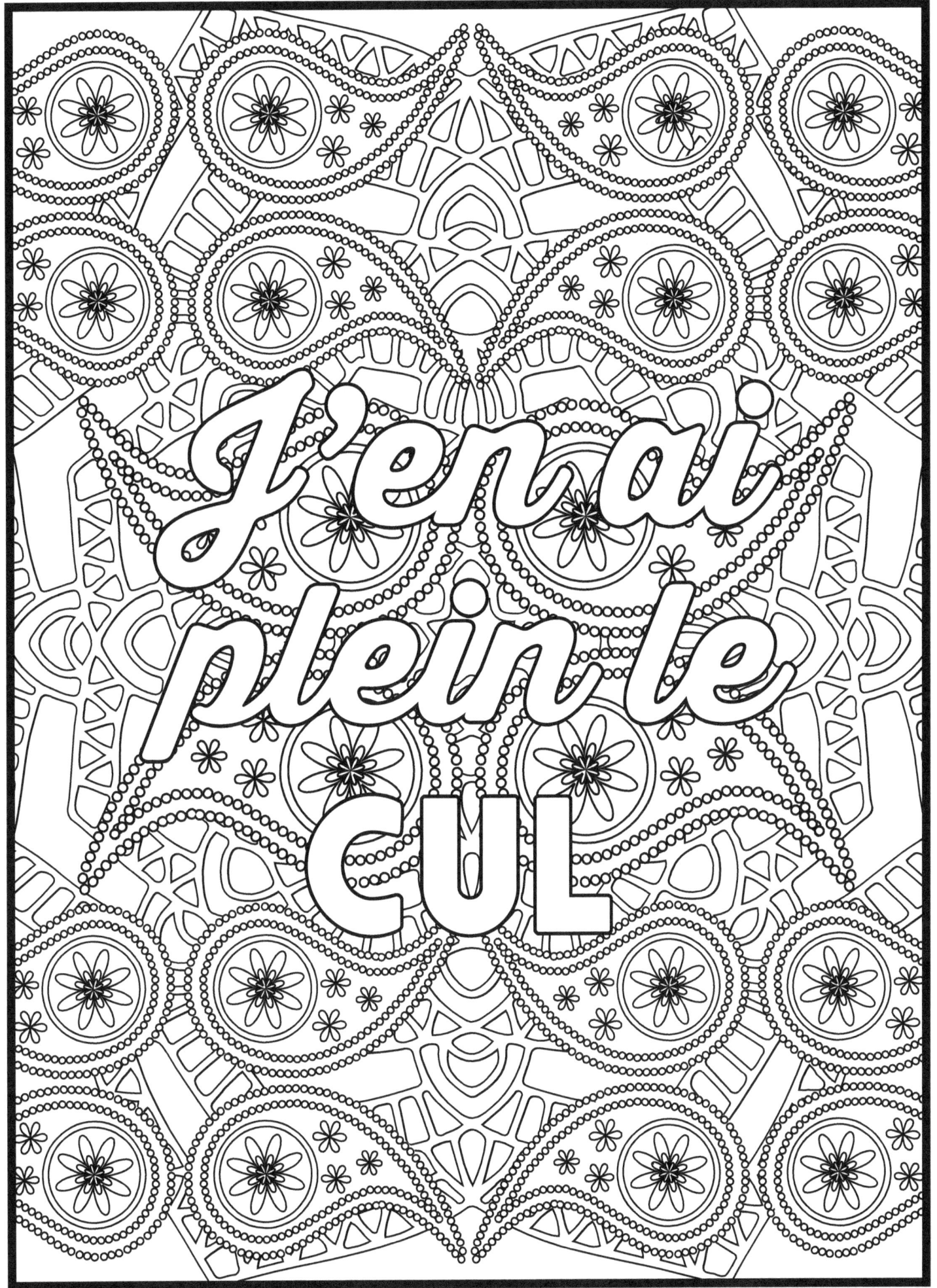

Colorful Swearing Dreams

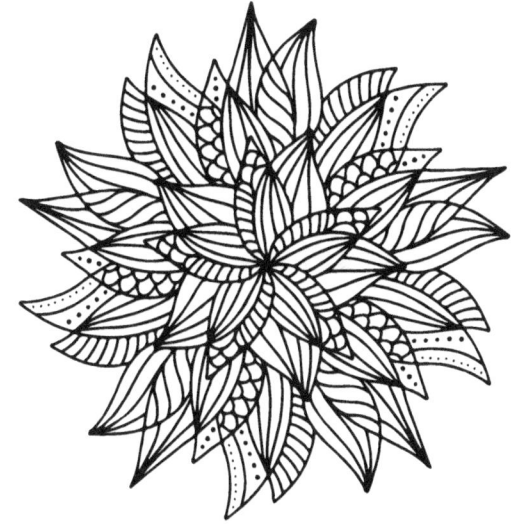

Vous vous sentez moins stressé?

Seriez-vous un amour et donnez votre opinion?

Ce livre vous a-t-il permis d'apaiser votre niveau de stress?
J'espère que vous vous sentez à présent décontracté(e) et content(e).

Nous travaillons beaucoup pour vous fournir le meilleur produit possible qui répond à tous vos besoins.
VOTRE AVIS est extrêmement important pour nous. Nous ne le considérons pas comme une simple note d'étoiles, nous lisons et étudions tous les commentaires afin de pouvoir améliorer constamment nos produits pour les façonner comme vous le souhaitez.
Nous sommes fiers de produire des produits de qualité pour votre satisfaction.

C'est pourquoi nous apprécierions vraiment beaucoup si vous pouviez prendre quelques minutes de votre temps et nous laisser un avis sur la page de notre produit. De cette façon, non seulement vous aiderez d'autres clients à faire la bonne décision, mais vous nous permettrez également de réaliser davantage de produits de qualité, qui peuvent être des cadeaux drôles et uniques pour vos amis et votre famille et les rendre heureux!

Tout Droits Réservés. Colorful Swearing Dreams

Aucune partie de livre ne peut être reproduite, reformatée, faire l'objet d'une refonte ou être transmise sous quelque forme que ce soit, par tout moyen, électronique ou mécanique, y compris la photocopie, l'enregistrement ou au moyen de tout système de stockage et d'extraction d'informations, sans le consentement préa lable écrit de l'auteur.

www.ingramcontent.com/pod-product-compliance
Lightning Source LLC
Chambersburg PA
CBHW080815220526
45466CB00011BB/3565